DaZ PRAXIS

Familie & Zuhause

Differenzierte Arbeitsblätter für Deutsch-Anfänger

AF727308

Verlag an der Ruhr

Impressum

Titel:
DaZ Praxis
Familie & Zuhause – Differenzierte Arbeitsblätter für Deutsch-Anfänger

Autorin
Anna Hoffacker

Titelbildmotive
Anja Boretzki

Illustrationen
Anja Boretzki (wenn nicht anders angegeben)

Druck
Heenemann GmbH & Co. KG, Berlin, DE

Verlag an der Ruhr
Mülheim an der Ruhr
www.verlagruhr.de

Geeignet für die Klassen 1–4

ISBN 978-3-8346-3572-3

Inhaltsverzeichnis

Vorwort

Internationale Förderklassen, Willkommensklassen, Seiteneinsteigerklassen, Eingliederungsklassen – egal wie wir sie nennen, die Kinder in diesen Klassen haben eines gemeinsam: Sie kommen in unsere Schulen, im Gepäck eine Menge Sorgen, Ängste und Erwartungen. Die Arbeit mit ihnen erfordert von uns Lehrern* viel Einfühlungsvermögen, Kraft und fachdidaktisches Wissen. Aber am allermeisten Freude am Umgang mit Kindern, die erst noch den Weg in unsere komplizierte Sprache finden müssen. Schafft man es, sie auf diesem Weg erfolgreich zu unterstützen, bekommt man eine Menge Dankbarkeit und Freude von den Kindern zurück, sieht, wie sie ihren weiteren Weg mit grundlegenden Kenntnissen des Deutschen weiter bestreiten. Genau das ist es, was mich immer wieder antreibt, meine Begeisterung für diese Arbeit mit anderen Lehrern, Studierenden und Pädagogen zu teilen.

Auf der Suche nach passendem Material für die tägliche Arbeit mit größeren Internationalen Förderklassen (Ifö-Klassen), bin ich auf tolle Sprachspiele, Freiarbeitsmaterialien, Bildkarten, Wortmaterial und vieles mehr gestoßen, jedoch fehlte mir immer ein einfaches grundlegendes Material zur Wortschatzerarbeitung und -einübung, das nicht nur für den Einsatz in kleinen Fördergruppen geeignet ist. Aus diesem Mangel heraus bin ich dazu übergegangen, eigenes Material zu erstellen, das fortan die Grundlage meines Unterrichtes in den Ifö-Klassen bildete. Ein Ergebnis dieser Arbeit sind die nun vorliegenden Themenhefte, die auch andere Lehrer dabei unterstützen sollen, mit Freude die deutsche Sprache an Kinder zu vermitteln.

Anna Hoffacker

* Aus Gründen der besseren Lesbarkeit haben wir in diesem Buch durchgehend die männliche Form verwendet. Natürlich sind damit auch immer Frauen und Mädchen gemeint, also Lehrerinnen, Schülerinnen etc.

Didaktische Hinweise

Bei der Thematisierung der Bereiche „Familie" und „Zuhause" ist in Bezug auf Flüchtlings- und Zuwandererkinder besondere Sensibilität geboten. Bitte denken Sie immer daran, dass einige Ihrer Schüler ggf. traumatische Erfahrungen gemacht haben, Familienmitglieder verloren haben könnten sowie in ihren Herkunftsländern ihr Zuhause haben zurücklassen müssen. Ebenso leben einige dieser Schüler in Notunterkünften oder unter widrigen häuslichen Umständen. Sie sollten also diese Themengebiete nur in Ihren Unterricht einbinden, wenn Sie sicher sein können, dass ihre Schüler dadurch nicht psychisch belastet werden.

Ein weiterer wichtiger Aspekt sind die mittlerweile sehr unterschiedlichen Familienmodelle. Auf Seite 8 finden Sie zur Erläuterung der einzelnen Familienmitglieder ein klassisches Familienmodell. Alternativ haben wir aber auch mögliche andere Familienmodelle berücksichtigt, Sie finden sie auf Seite 72.

Das vorliegende Themenheft dient in erster Linie der Erarbeitung und Einübung eines Grundwortschatzes im Bereich „Familie" und „Zuhause" im Unterricht von Kindern mit Kindern mit keinen bis geringen Deutschkenntnissen. Durch verschiedene Aufgaben und Übungen bauen die Kinder innerhalb des Themas einen Grundwortschatz auf und erlangen bzw. festigen gleichzeitig verschiedene Kompetenzen. Es werden Formate verwendet, die neben dem Wortschatz auch schriftliches Sprachhandeln, Leseverständnis und Hörverstehen trainieren. Kleine Einheiten zur mündlichen Kommunikationsfähigkeit schaffen authentische Sprechanlässe und regen zur Interaktion der Kinder untereinander an.

Dieses Themenheft ermöglicht einen individuellen Einsatz, der den Anforderungen Ihres Unterrichts flexibler gerecht werden kann. Es beginnt mit einfachen Wortschatzübungen und baut mit der Zeit ein weiteres Sprachhandeln auf. Angeboten werden dabei auch immer wieder differenzierte Übungsformen, die auf unterschiedlichen Sprachstandniveaus von den Kindern bearbeitet werden können. Möglich wird dadurch ein Einstieg in die Themen von Kindern auf allen Stufen der Sprachentwicklung, was bei der meist hohen Schülerfluktuation in Ifö-Klassen durch Neuzugänge und Eingliederungen unerlässlich ist.

Ein zentraler Bestandteil des Heftes sind zwei Wimmelbilder, die zu freien Sprechanlässen und Gesprächen anregen. Zudem dienen sie als Grundlage für Situationen des freien Schreibens, an denen Kinder auf fast allen sprachlichen Ebenen teilhaben können.

Die wiederkehrenden Aufgabenformate und die einfache Material-Strukturierung bieten den Kindern Sicherheit und ermutigen sie, die neue Sprache zu entdecken. Sie können die Materialien in jahrgangsübergreifenden Ifö-Klassen, in Fördergruppen, als differenzierendes Material in Regelklassen einsetzen oder wo auch immer Sie Anwendungsmöglichkeiten finden. Vor dem Einsatz der schriftlichen Materialien bietet es sich an, mithilfe der Bildkarten die jeweiligen Wörter im Sitzkreis einzuführen und mit den Kindern mehrfach im Chor zu wiederholen.

Die Kopiervorlagen und Ideen im Heft können in chronologischer Reihenfolge eingesetzt werden oder für Ihre individuellen Bedürfnisse isoliert genutzt werden. Am Ende des Hefts befindet sich immer eine kleine Reflexion zum jeweiligen Thema in zweifach differenzierter Ausführung.

Am Schluss noch eine Anmerkung zur Arbeit mit nicht-alphabetisierten Kindern: Wenn die anderen Kinder mit den Kopiervorlagen arbeiten, lasse ich nicht-alphabetisierte Kinder in Buchstabenlehrgängen arbeiten. Mit der Zeit ergibt es sich meist von allein, dass sie versuchen, die einfachen Arbeitsblätter zu bearbeiten. Ich habe mit dieser Vorgehensweise bisher nur gute Erfahrungen gemacht und die Kinder nutzen mit der Zeit immer mehr der Materialien erfolgreich.

Zur Arbeit mit den einzelnen Bestandteilen

Bild- und Wortkarten: Die Bildkarten dienen zur Einführung, Übung und Festigung der Wörter im Kreis. Passende Wortkarten in einer großen Schriftgröße für gemeinsame Leseübungen und Zuordnungsübungen lassen sich einfach am PC selbst erstellen. Es gibt eine Vielzahl von Spielen, Liedern und anderer Methoden, die sich dazu eignen, das Wortmaterial mündlich zu üben („Ich packe meinen Koffer", „Obstsalat", Wiederholen der Wörter im Chor in verschiedenen Stimmlagen, Lautstärken etc.). Ihrer Fantasie sind an dieser Stelle keine Grenzen gesetzt.

Arbeitsblätter: Die Arbeitsblätter bieten Übungen auf verschiedenen Ebenen an. Zu Beginn übertragen die Kinder die im jeweiligen Block vorkommenden Wörter auf die zugehörigen Blankovorlagen. Durch die wiederkehrenden Abschreibübungen prägen sich die Kinder die Wörter schneller ein. Die Arbeitsaufträge auf den anderen Blättern sind weitestgehend selbsterklärend. Im Inhaltsverzeichnis können Sie sehen, welche Arbeitsblätter sich differenziert einsetzen lassen. Vor der Nutzung der Kopiervorlagen zu den Wortarten sollten diese gemeinsam thematisiert werden und z. B. die Bildkarten nach Wortarten sortiert werden.

Geschichten: Die Geschichten werden in drei verschiedenen Schwierigkeitsgraden angeboten. Zunächst wird die Geschichte in der mittleren Schwierigkeitsstufe vorgelesen. Man kann die Kinder die Bildkarten an der Tafel in die richtige Reihenfolge bringen lassen und anschließend z. B. Textkarten den Bildkarten zuordnen lassen. Passende Textkarten lassen sich leicht selbst herstellen. Im Anschluss erfolgt die Arbeit mit den Kopiervorlagen.

Reflexion: Zum Abschluss eines Themas kann die jeweilige zweifach differenzierte Reflexion eingesetzt werden (der erste Teil der Reflexion ist für alle Schüler gleich, im zweiten Teil wird differenziert). Je nach Aufgabenformaten werden verschiedene Kompetenzbereiche abgeprüft. Jede Reflexion beginnt mit einer Hörverstehensübung, bei der der Lehrer entweder die einzelnen Begriffe und eine zugehörige Zahl nennt (z. B. „Nummer 3, das Bett") oder, bei einer fortgeschritteneren Lerngruppe, die Wörter in eine Geschichte einflechten kann. Die Kinder nummerieren die Bilder.

Erklärung zu den Aufgabensymbolen

	Schreibe.		Klebe.
	Unterstreiche.		Höre.
	Verbinde.		Sieh dir an.
	Nummeriere.		Lies.
	Schneide aus.		Kreuze an.

Materialien
Reflexion
Bildkarten

Die Familie – Übersicht

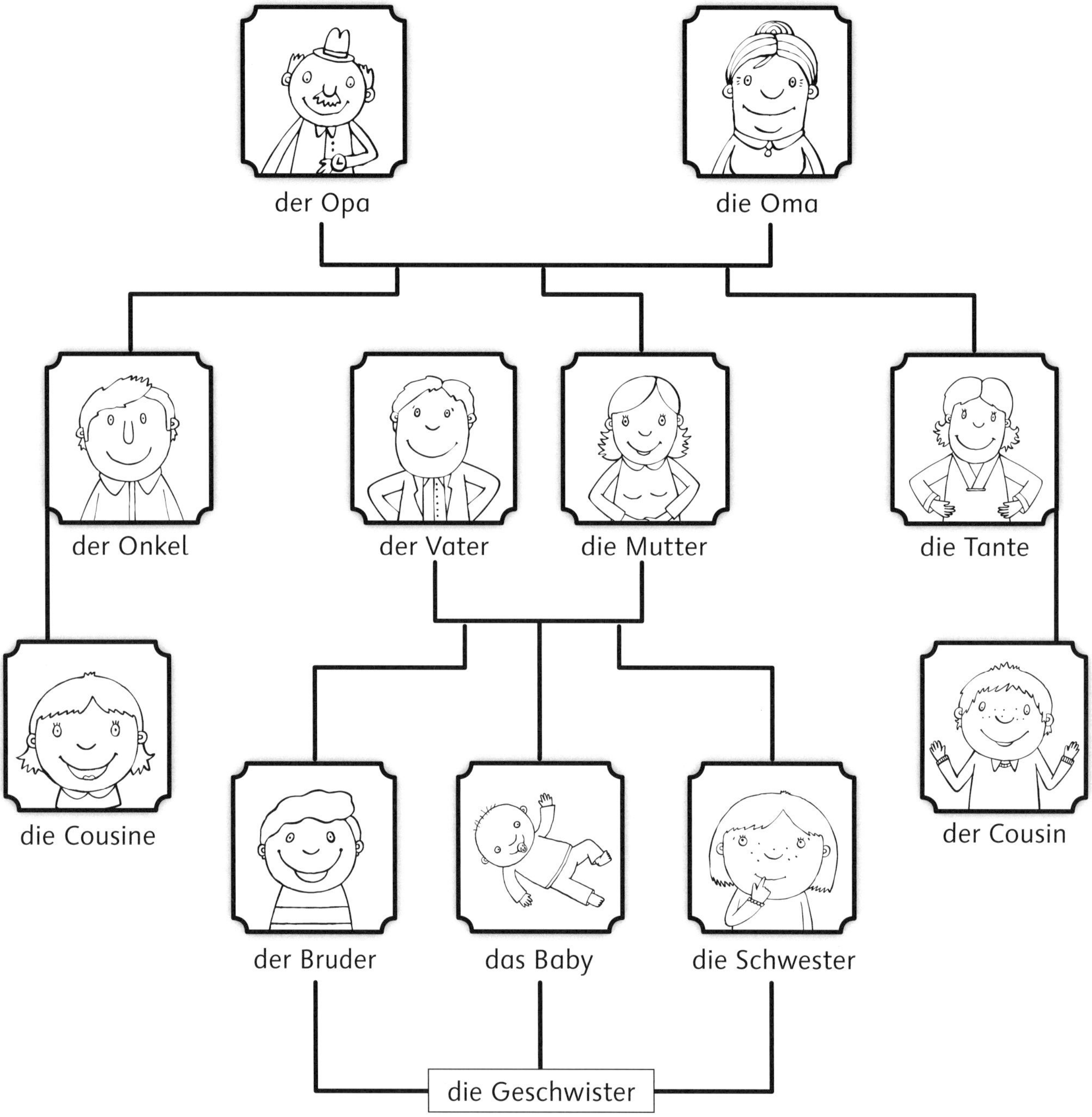

Die Familie – Bild-Wortkarten

Sieh dir die Bilder und die dazugehörigen Wörter an.

die Familie	der Vater	die Mutter	die Schwester

der Bruder	die Geschwister	das Baby	die Tante

der Onkel	die Oma	der Opa	der Cousin die Cousine

Die Familie – Ausfüll-Bildkarten

Schreibe die richtigen Wörter auf die Linien.

....	....	....	....

....	....	....	....

....	....	....	....

© Verlag an der Ruhr | Autorin: Anna Hoffacker | ISBN 978-3-8346-3572-3 | www.verlagruhr.de

Die Familie – Verbinden

Verbinde die Bilder mit den Wörtern.

die Familie

die Mutter

der Onkel

der Vater

die Tante

der Cousin/die Cousine

die Geschwister

die Oma

das Baby

der Opa

der Bruder

die Schwester

© Verlag an der Ruhr | Autorin: Anna Hoffacker | ISBN 978-3-8346-3572-3 | www.verlagruhr.de

Die Familie – Wörter schreiben

Schreibe die richtigen Wörter neben die Bilder.

Die Familie – Sätze schreiben

Schreibe die richtigen Sätze neben die Bilder.

Das ist der Vater.

Das ist

Die Familie – Artikel

Schneide die Bilder aus und lege sie vor die richtige Kiste.

Die Familie – Artikel verbinden

Verbinde die Artikel mit den richtigen Bildern.

der

die

das

Die Familie – Einzahl, Mehrzahl

1. Schreibe *der, die* oder *das*.

2. Schreibe in dein Heft *(die Schwester – die Schwestern ...)*.

........*die*........ Schwester 

........*die*........ Schwester**n** 

.... Bruder 

.... Br**ü**der 

.... Vater 

.... V**ä**ter 

.... Mutter 

.... M**ü**tter 

.... Familie 

.... Familie**n** 

.... Baby 

.... Baby**s** 

© Verlag an der Ruhr | Autorin: Anna Hoffacker | ISBN 978-3-8346-3572-3 | www.verlagruhr.de

Die Familie – Artikel und Nomen

1. Schreibe die Wörter mit Begleiter *(der, die, das)* auf.
Schreibe sie auch in der Mehrzahl.

die Familie • die Mutter • der Vater • der Bruder • die Schwester • das Baby • ~~die Oma~~ • der Opa • die Tante • der Cousin • die Cousine • der Onkel

2. Schreibe noch mehr Wörter auf, die du schon kennst
(zum Beispiel der Enkel, der Stiefvater …).

Einzahl der/die/das	**Mehrzahl** die
die Oma	*die Omas*

Die Familie – Wimmelbild

Was siehst du? Schreibe in dein Heft. (Ich sehe ...)

Die Familie – Suchsel

Finde die versteckten Wörter und markiere sie.

F	A	M	I	L	I	E	S	B	O	D	F	O	P	A
E	L	U	K	L	O	P	C	A	C	Z	S	S	Q	R
Z	O	M	A	M	T	N	B	B	E	V	A	T	E	R
T	R	F	K	L	A	N	E	Y	H	S	W	F	T	I
C	D	M	O	K	N	R	T	A	G	J	Q	N	B	X
O	I	U	P	L	T	M	C	O	U	S	I	N	E	V
U	O	T	F	K	E	T	S	R	N	J	D	K	J	U
S	P	T	G	J	M	Z	V	B	R	U	D	E	R	P
I	L	E	A	S	N	L	C	O	F	G	H	K	L	Z
N	A	R	W	G	E	S	C	H	W	I	S	T	E	R
T	E	G	H	J	X	Z	D	T	R	W	Q	B	I	H
O	N	K	E	L	B	S	C	H	W	E	S	T	E	R

1. FAMILIE
2. VATER
3. MUTTER
4. SCHWESTER
5. BRUDER
6. GESCHWISTER
7. BABY
8. TANTE
9. ONKEL
10. OMA
11. OPA
12. COUSIN
13. COUSINE

Zuhause 1 – Bild-Wort-Abbildung

Sieh dir die Bilder und die dazugehörigen Wörter an.

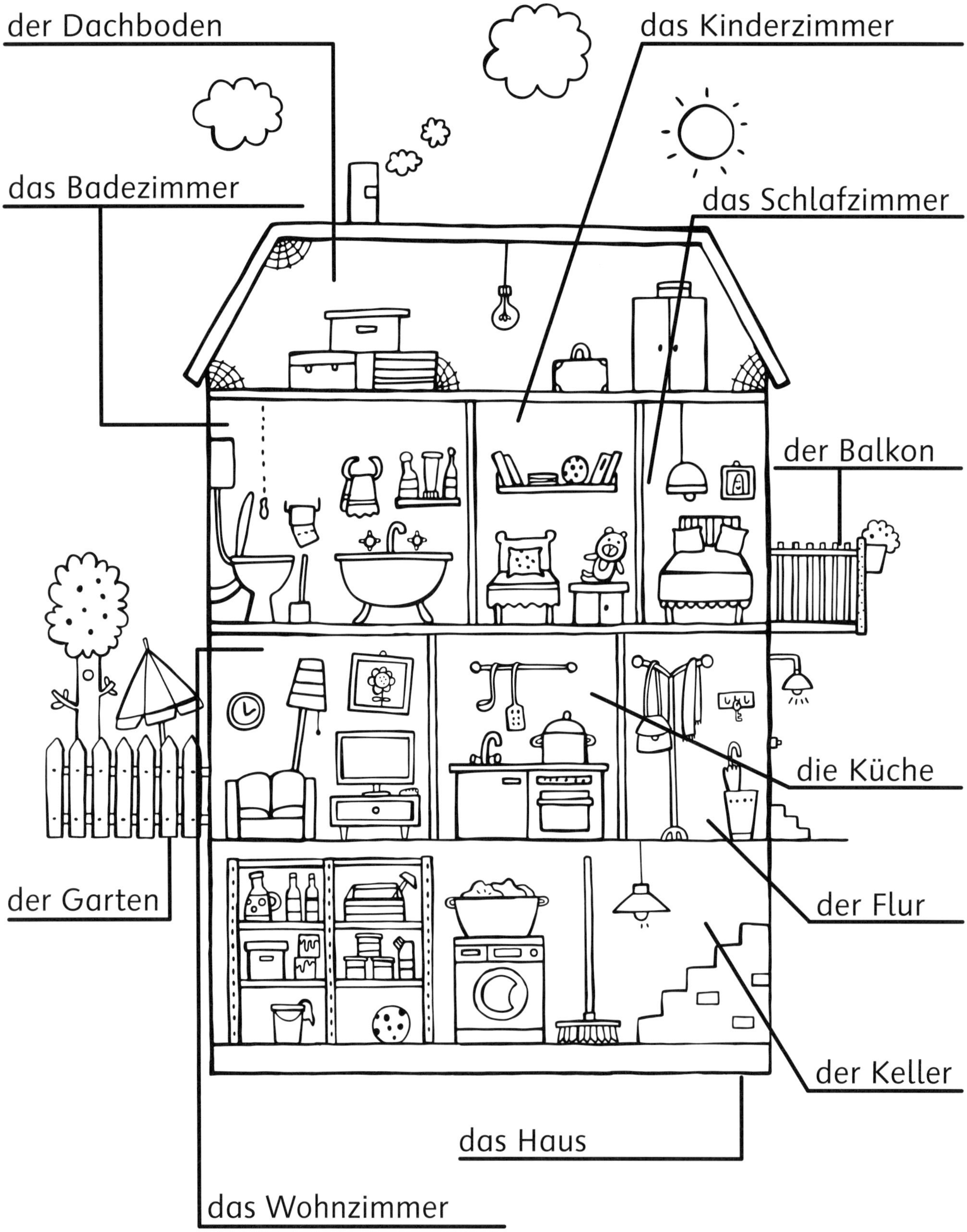

Zuhause 1 – Ausfüll-Abbildung

Schreibe die richtigen Wörter auf die Linien.

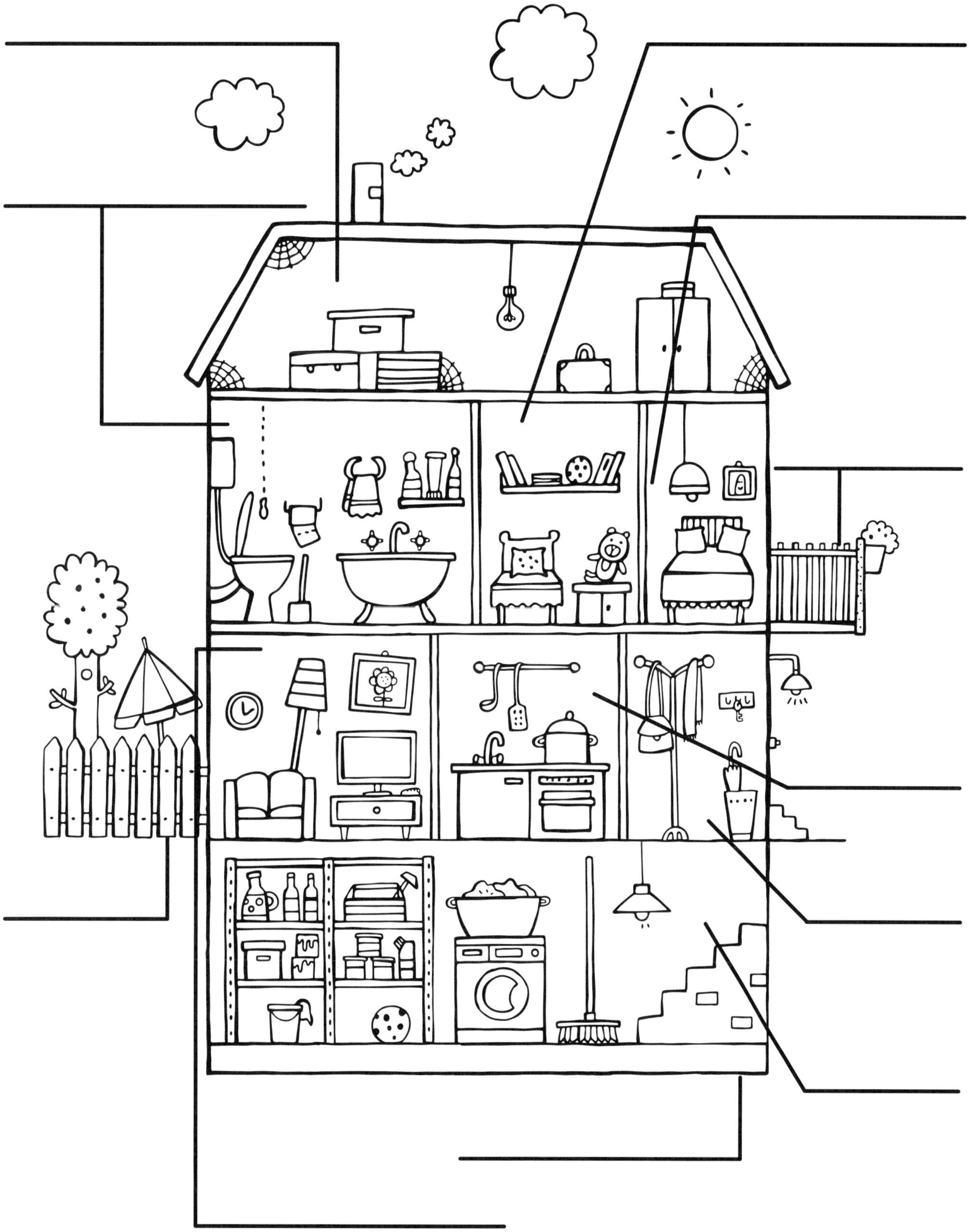

Zuhause 1 – Verbinden

Verbinde die Bilder mit den Wörtern.

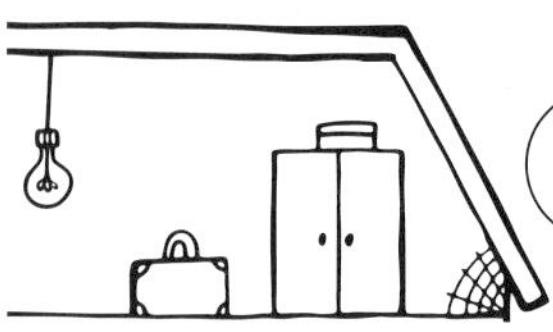

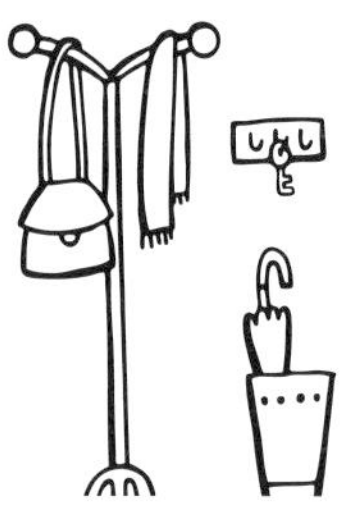

das Schlafzimmer

die Küche

der Garten

das Wohnzimmer

das Kinderzimmer

das Badezimmer

der Dachboden

der Keller

die Wohnung

der Flur

das Haus

der Balkon

Zuhause 1 – Wörter schreiben

Schreibe die richtigen Wörter neben die Bilder.

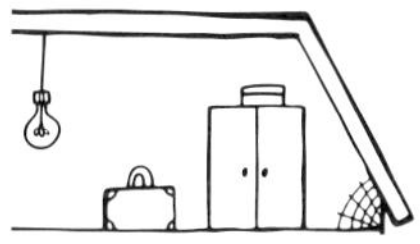

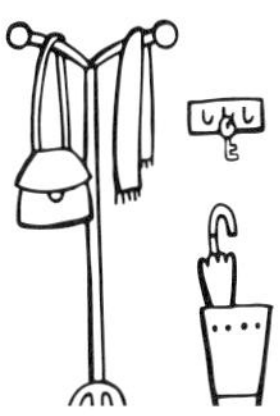

Zuhause 1 – Sätze schreiben

Schreibe die richtigen Sätze neben die Bilder.

Das ist das Badezimmer.

Das ist die

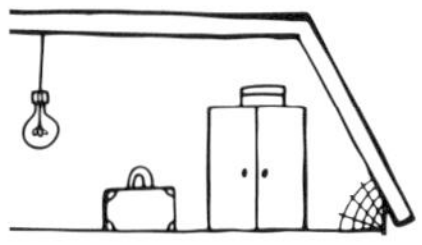

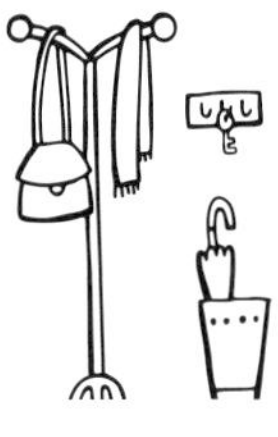

© Verlag an der Ruhr | Autorin: Anna Hoffacker | ISBN 978-3-8346-3572-3 | www.verlagruhr.de

Zuhause 1 – Artikel

Schneide die Bilder aus und lege sie vor die richtige Kiste.

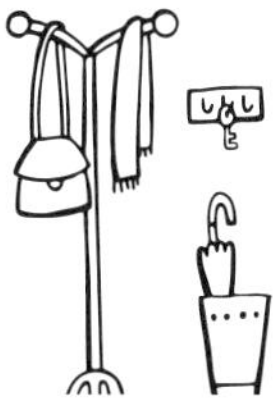

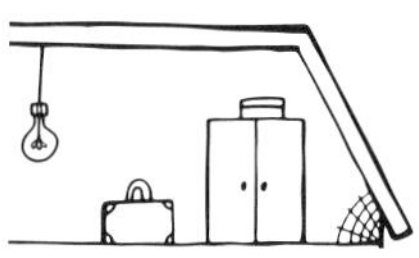

Zuhause 1 – Artikel verbinden

Verbinde die Artikel mit den richtigen Bildern.

der

die

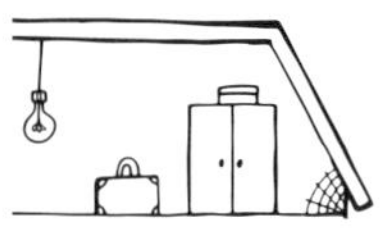

das

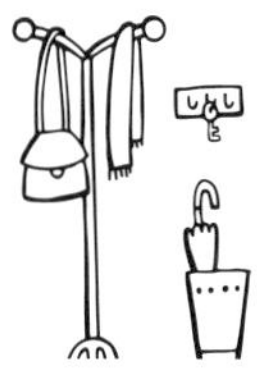

Zuhause 1 – Einzahl, Mehrzahl

1. Schreibe *der, die* oder *das*.

2. Schreibe in dein Heft *(der Flur – die Flure ...)*.

..... der ..... Flur 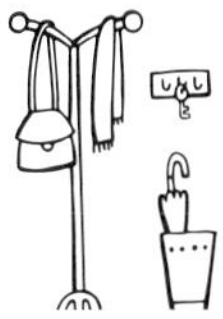

..... die ..... Flur**e** 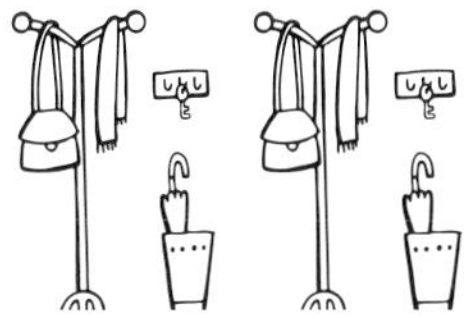

.... Garten 

.... G**ä**rten 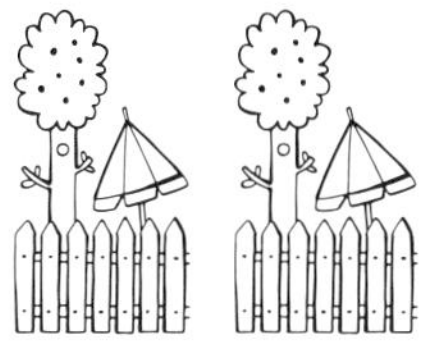

.... Balkon 

.... Balkon**e** 

.... Dachboden 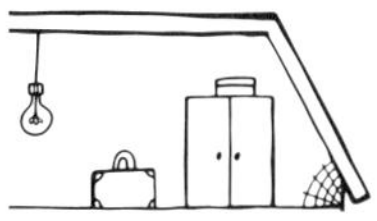

.... Dachb**ö**den 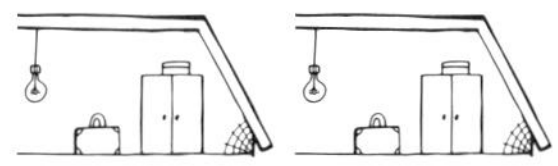

.... Kinderzimmer 

.... Kinderzimmer 

.... Küche 

.... Küche**n** 

.... Keller 

.... Keller 

.... Haus 

.... H**ä**user 

.... Wohnung 

.... Wohnung**en** 

Zuhause 1 – Artikel und Nomen

1. Schreibe die Wörter mit Begleiter *(der, die, das)* auf.
Schreibe sie auch in der Mehrzahl.

~~das Haus~~ • das Badezimmer • das Wohnzimmer • die Küche • der Flur • der Dachboden • der Keller • das Schlafzimmer • der Balkon • das Kinderzimmer • der Garten • die Wohnung

2. Schreibe noch mehr Wörter auf, die du schon kennst
(zum Beispiel das Dach, das Esszimmer …).

Einzahl der/die/das	**Mehrzahl** die
das Haus	*die Häuser*

Zuhause 1 – Plural-Sätze schreiben

Schreibe die richtigen Sätze neben die Bilder.

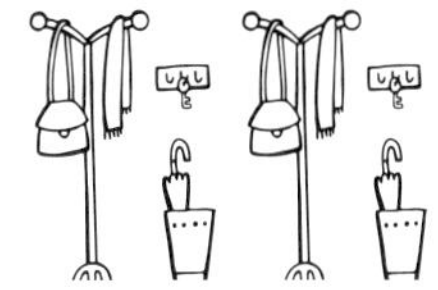

Das sind die Flure.

Das sind die

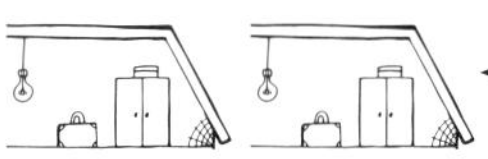

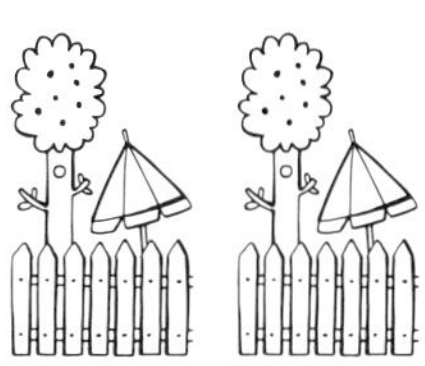

Zuhause 1 – Ankreuzen

Kreuze den richtigen Satz an.

○ Das ist die Küche.
○ Das ist der Garten.
○ Das sind die Schlafzimmer.

○ Das ist das Haus.
○ Das ist der Keller.
○ Das ist das Kinderzimmer.

○ Das ist der Keller.
○ Das ist die Küche.
○ Das ist der Balkon.

○ Das ist der Dachboden.
○ Das ist die Wohnung.
○ Das ist die Küche.

○ Das ist das Wohnzimmer.
○ Das ist das Badezimmer.
○ Das ist das Kinderzimmer.

○ Das ist das Wohnzimmer.
○ Das ist das Schlafzimmer.
○ Das ist das Kinderzimmer.

Zuhause 1 – Suchsel

Finde die versteckten Wörter und markiere sie.

K	I	N	D	E	R	Z	I	M	M	E	R	P	L	S
L	K	U	Z	V	C	N	B	X	W	E	T	K	M	C
W	O	H	N	Z	I	M	M	E	R	D	U	Ü	J	H
I	U	T	O	P	S	F	D	E	A	K	I	C	H	L
D	A	C	H	B	O	D	E	N	T	E	M	H	G	A
V	M	H	U	G	F	G	O	L	Z	L	N	E	U	F
B	W	O	H	N	U	N	G	W	N	L	C	F	F	Z
K	L	P	T	U	Z	R	E	Q	B	E	A	S	P	I
H	C	G	A	R	T	E	N	A	V	R	H	F	I	M
A	V	B	Z	U	I	P	A	O	L	J	G	L	W	M
U	L	K	G	D	E	R	T	P	S	C	O	U	Q	E
S	A	B	A	D	E	Z	I	M	M	E	R	R	B	R

1. HAUS
2. WOHNZIMMER
3. KINDERZIMMER
4. DACHBODEN
5. KELLER
6. FLUR
7. SCHLAFZIMMER
8. KÜCHE
9. GARTEN
10. BADEZIMMER
11. WOHNUNG

Zuhause 2 – Bild-Wortkarten

Sieh dir die Bilder und die dazugehörigen Wörter an.

		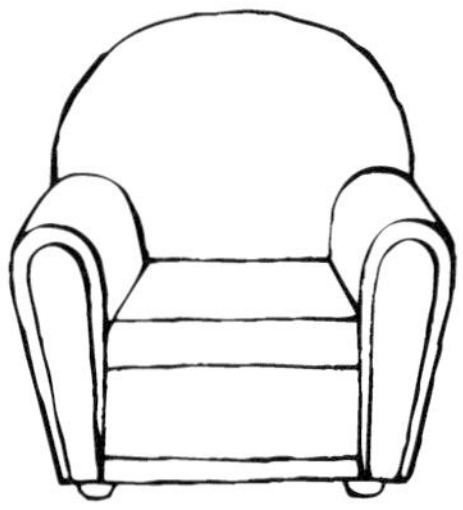	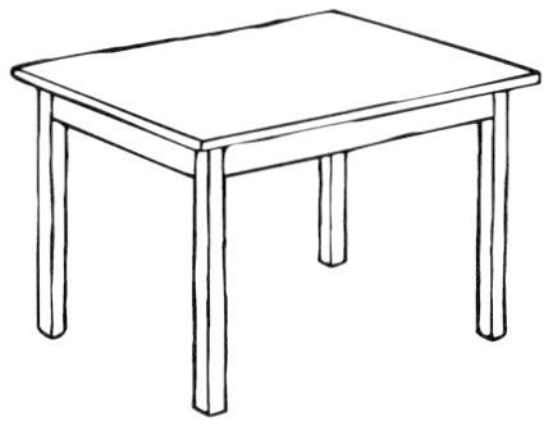
der Herd	die Spüle	der Sessel	der Tisch

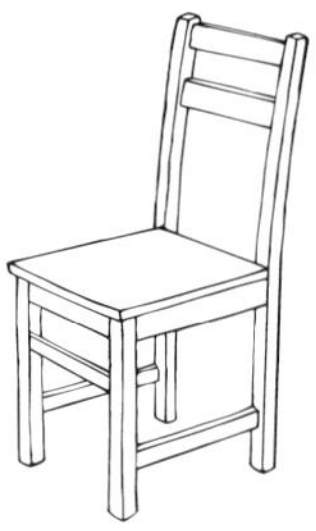		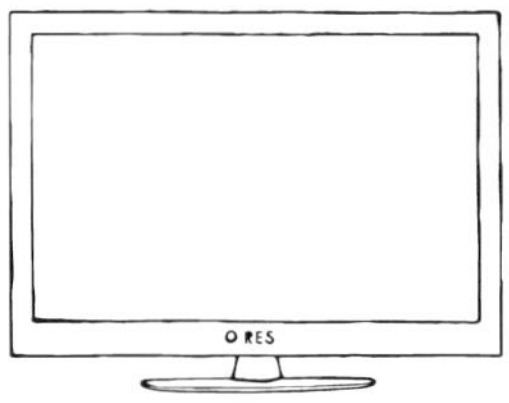	
der Stuhl	das Bett	der Fernseher	die Badewanne

	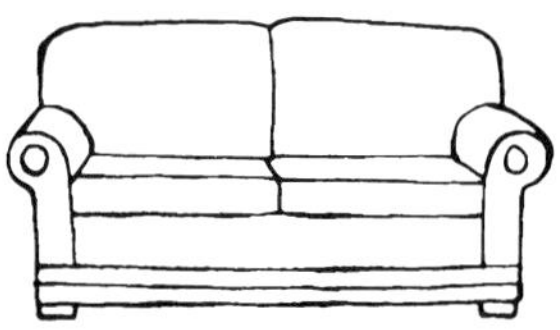		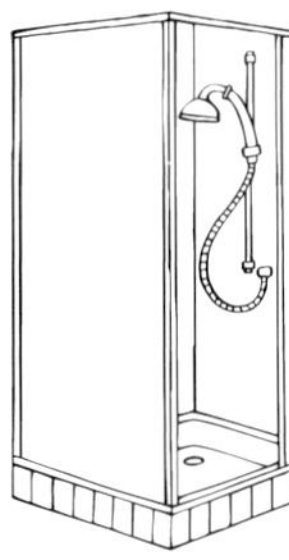
der Schrank	das Sofa	die Lampe	die Dusche

Zuhause 2 – Ausfüll-Bildkarten

Schreibe die richtigen Wörter auf die Linien.

		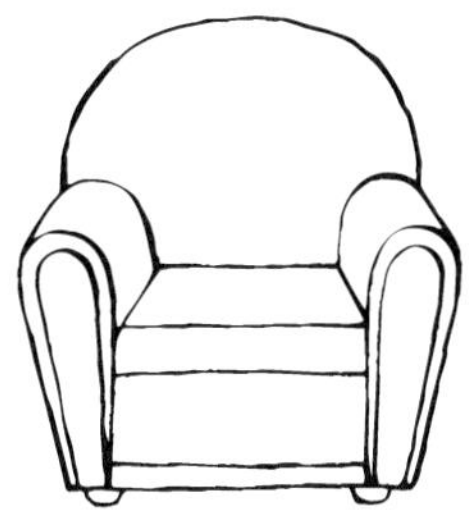	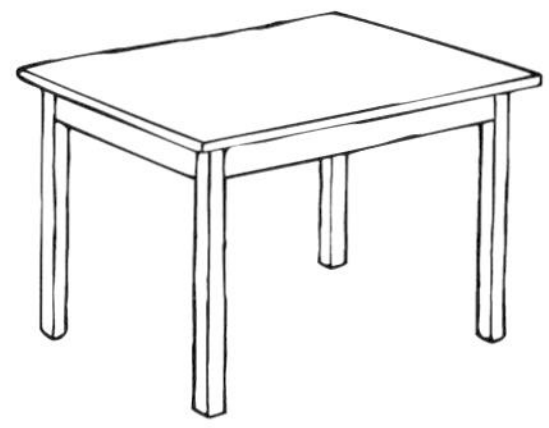
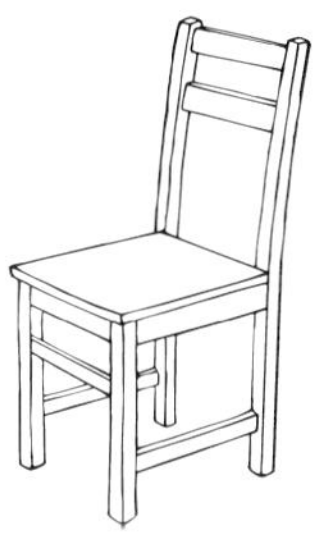		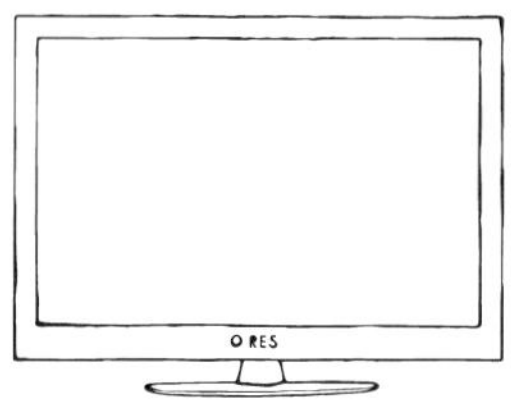	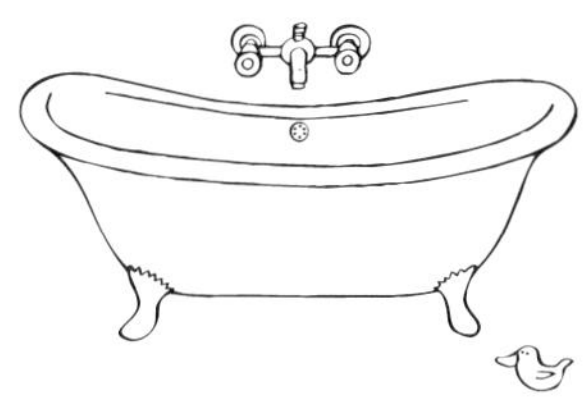
	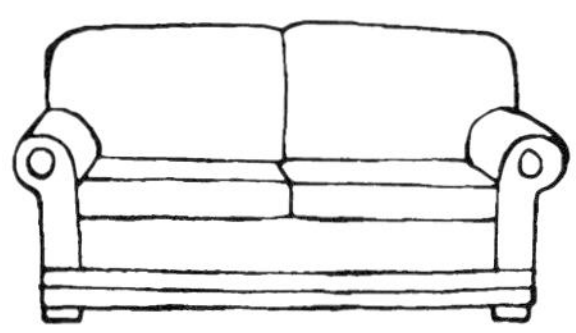		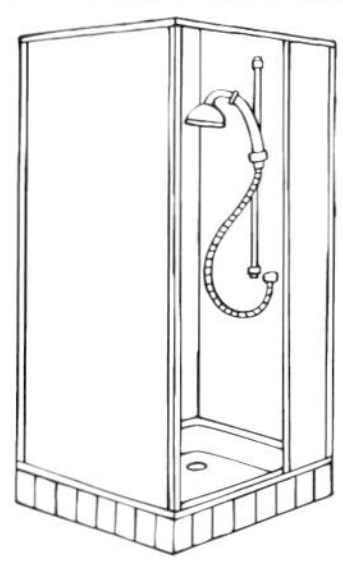

Zuhause 2 – Verbinden

Verbinde die Bilder mit den Wörtern.

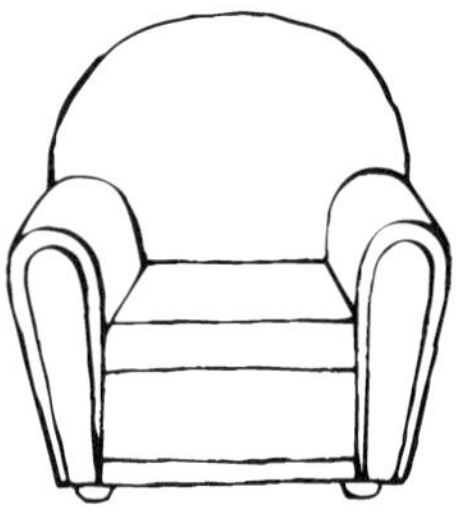

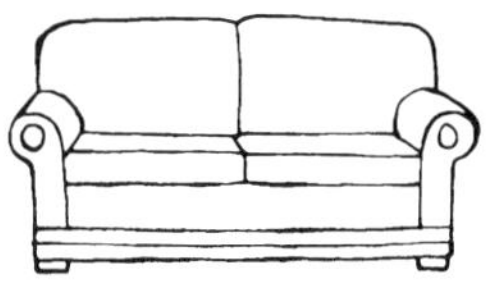

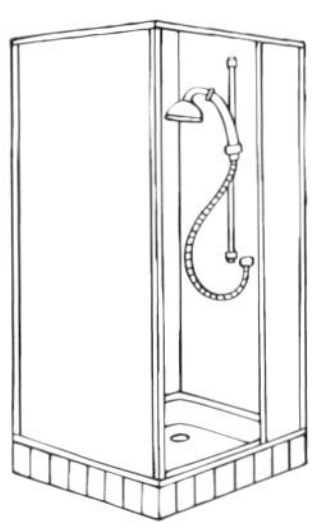

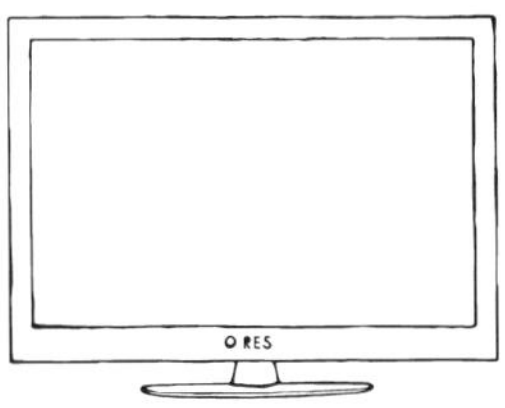

- das Sofa
- das Bett
- die Dusche
- der Tisch
- die Lampe
- der Herd
- der Fernseher
- der Sessel
- der Stuhl
- die Spüle
- die Badewanne
- der Schrank

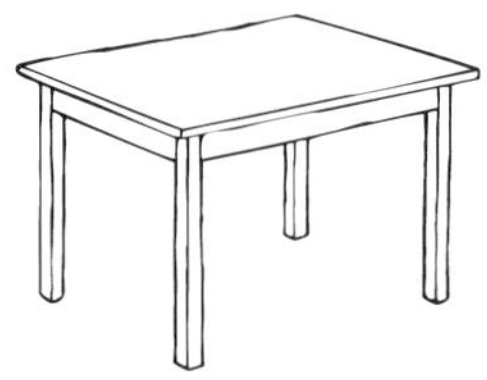

Zuhause 2 – Wörter schreiben

Schreibe die richtigen Wörter neben die Bilder.

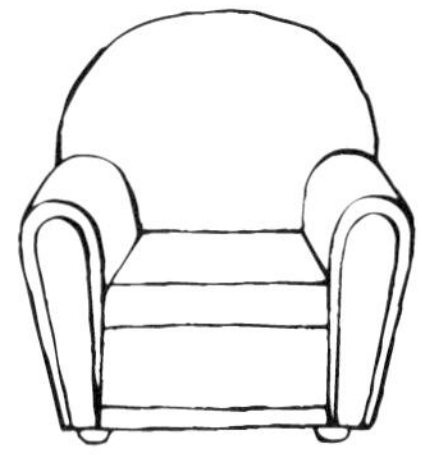

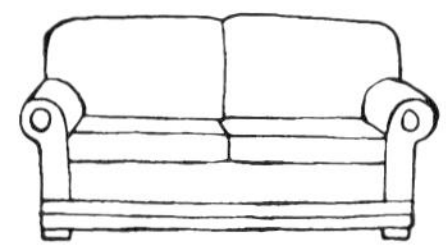

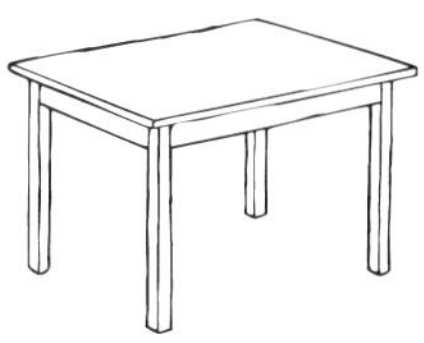

Zuhause 2 – Sätze schreiben

Schreibe die richtigen Sätze neben die Bilder.

Das ist der Stuhl.

Das ist der

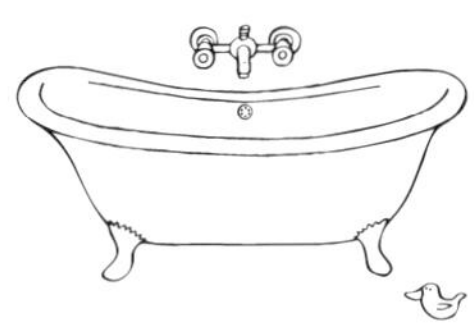

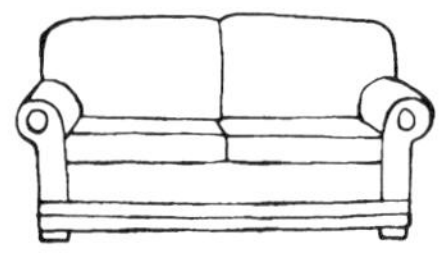

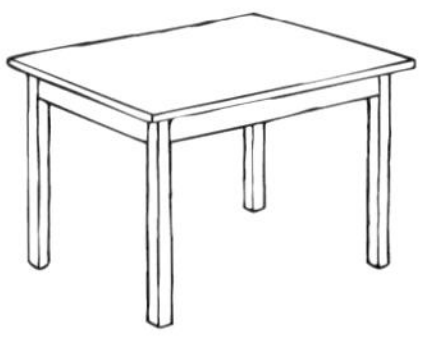

© Verlag an der Ruhr | Autorin: Anna Hoffacker | ISBN 978-3-8346-3572-3 | www.verlagruhr.de

Zuhause 2 – Artikel

Schneide die Bilder aus und lege sie vor die richtige Kiste.

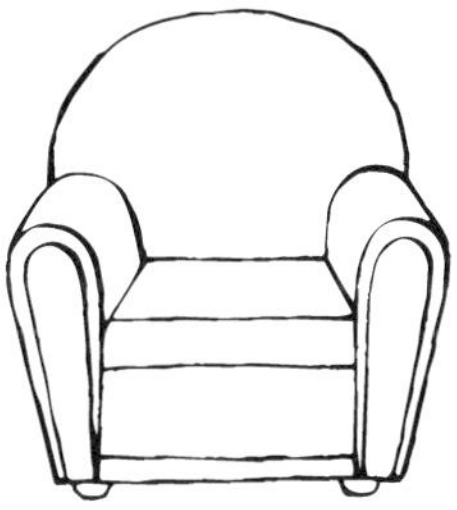

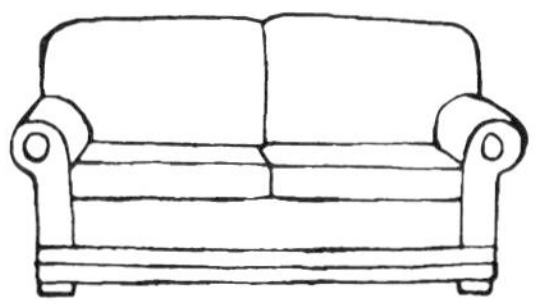

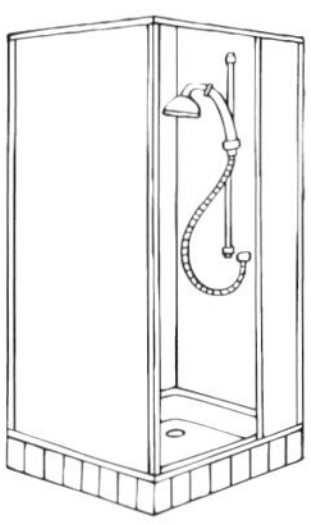
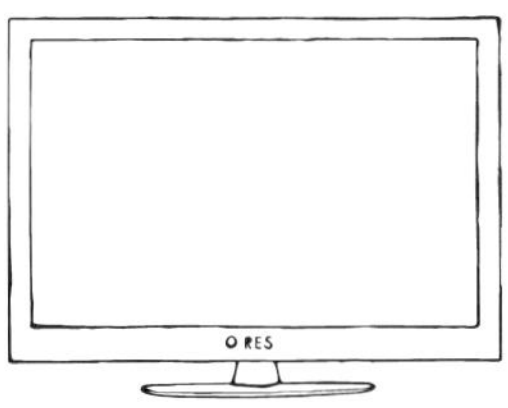
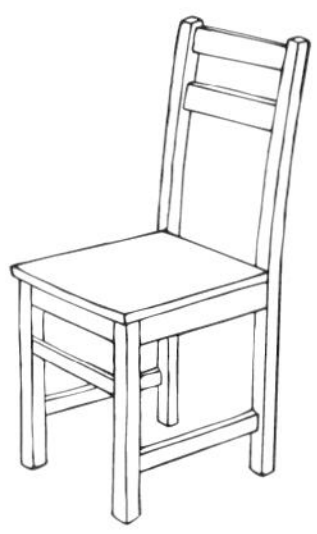

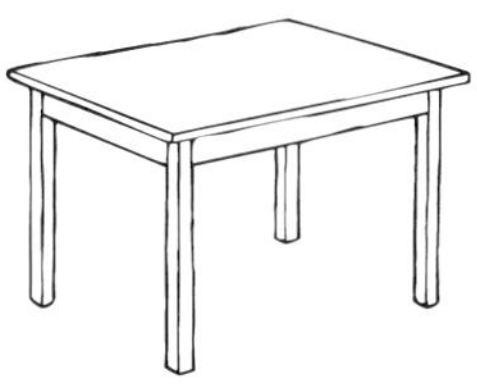

Zuhause 2 – Artikel verbinden

Verbinde die Artikel mit den richtigen Bildern.

der

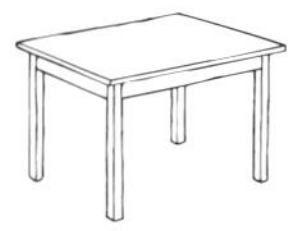

die

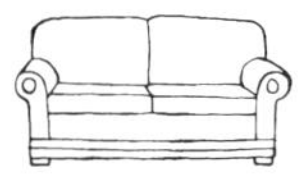

das

Zuhause 2 – Einzahl, Mehrzahl

1. Schreibe *der, die* oder *das*.

2. Schreibe in dein Heft *(der Tisch – die Tische ...)*.

.....*der*..... Tisch 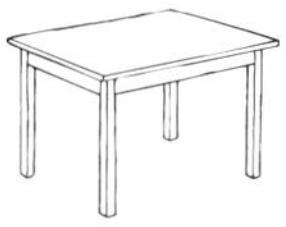 .....*die*..... Tisch**e** 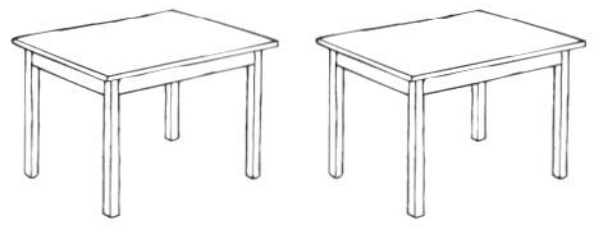

.... Stuhl  .... St**ü**hl**e** 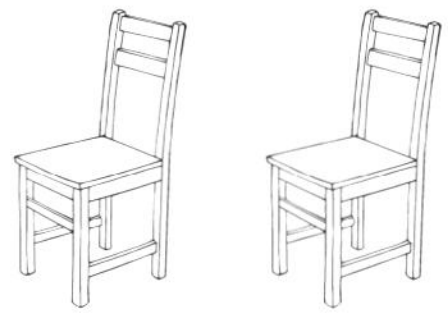

.... Schrank  .... Schr**ä**nk**e** 

.... Bett  .... Bett**en** 

.... Lampe  .... Lamp**en** 

.... Fernseher 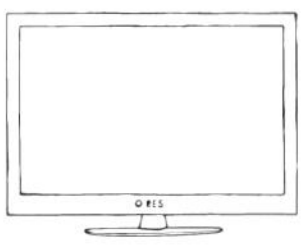 .... Fernseher 

.... Sofa 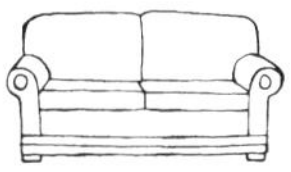 .... Sofa**s** 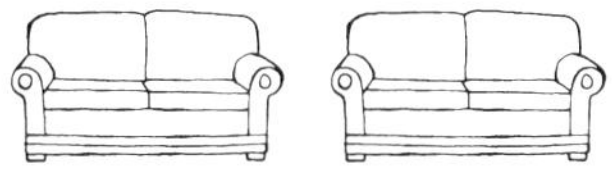

.... Dusche 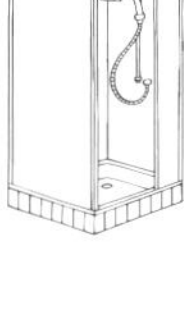 .... Dusch**en** 

Zuhause 2 – Artikel und Nomen

1. Schreibe die Wörter mit Begleiter *(der, die, das)* auf.
Schreibe sie auch in der Mehrzahl.

~~die Dusche~~ • der Schrank • die Badewanne • der Sessel • das Sofa • der Stuhl • der Tisch • der Herd • die Spüle • das Bett • die Lampe • der Fernseher

2. Schreibe noch mehr Wörter auf, die du schon kennst
(zum Beispiel die Tür, die Steckdose …).

Einzahl der/die/das	**Mehrzahl** die
die Dusche	*die Duschen*

Zuhause 2 – Suchsel

Finde die versteckten Wörter und markiere sie.

E	R	B	A	D	E	W	A	N	N	E	H	Z	T	U
L	P	Y	V	B	N	M	S	F	T	Z	I	O	W	I
H	E	R	D	Q	S	O	F	A	S	T	I	S	C	H
P	O	I	Z	U	T	Z	O	I	P	G	F	K	J	L
W	D	U	S	C	H	E	V	L	A	M	P	E	A	B
M	N	B	V	F	T	Z	U	P	O	I	A	R	E	E
S	T	U	H	L	L	S	P	Ü	L	E	K	S	J	T
I	Q	W	E	R	T	Z	U	P	S	F	H	E	U	T
P	S	C	H	R	A	N	K	J	K	L	D	S	L	O
T	H	Z	F	D	T	W	Z	S	Z	E	Z	S	P	G
R	F	E	R	N	S	E	H	E	R	V	B	E	M	F
E	R	Z	P	D	U	I	D	F	S	A	S	L	D	F

1. SOFA
2. DUSCHE
3. HERD
4. FERNSEHER
5. STUHL
6. SCHRANK
7. BETT
8. TISCH
9. LAMPE
10. SESSEL
11. SPÜLE
11. BADEWANNE

Zuhause 2 – Kreuzworträtsel

Löse das Kreuzworträtsel.

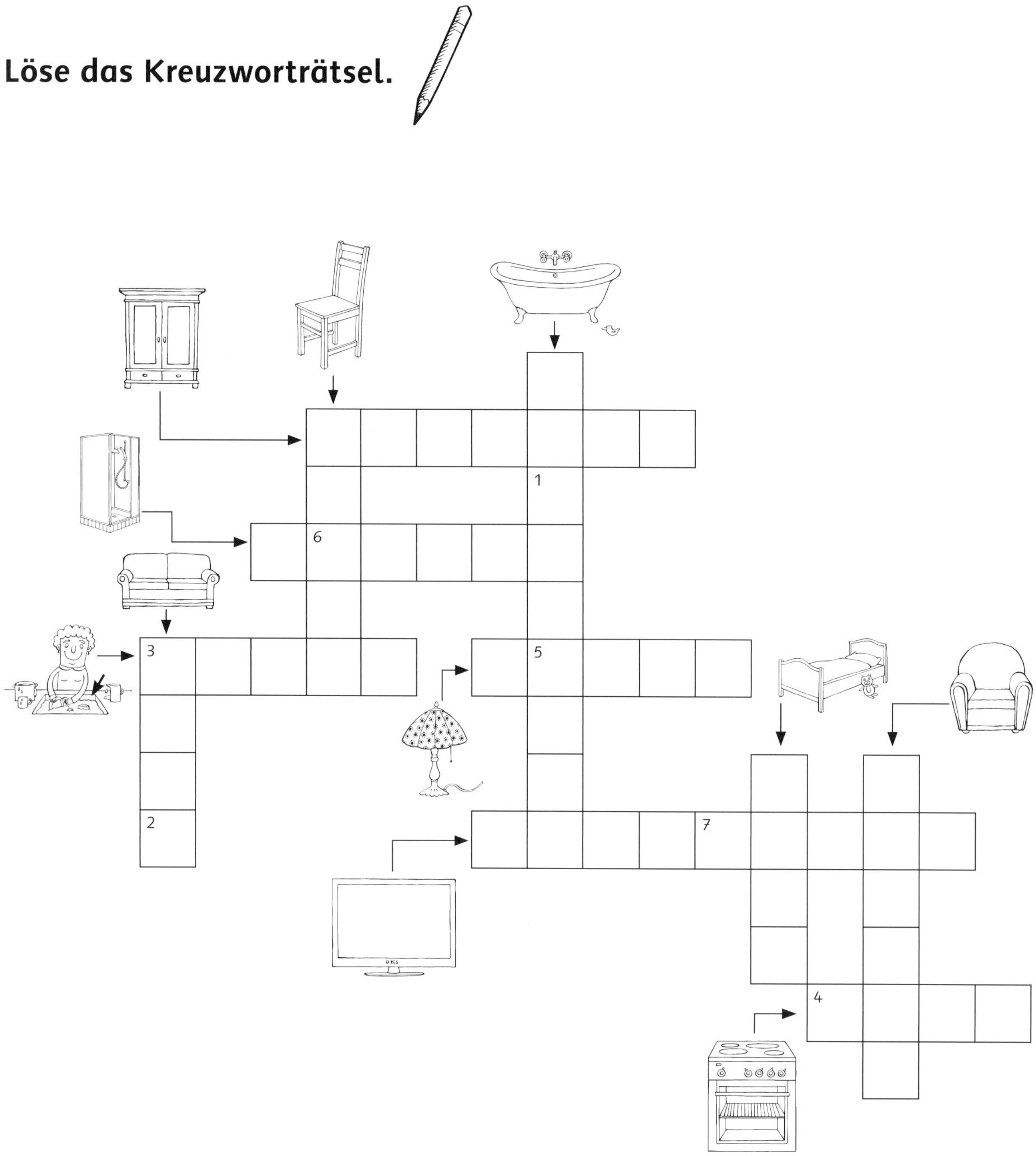

Trage diese Wörter in das Kreuzworträtsel ein:

Badewanne • Sofa • Sessel • Herd • Spüle • Fernseher • Schrank • Dusche • Lampe • Stuhl • Bett

Lösungswort:

1	2	3

4	5	6	7

© Verlag an der Ruhr | Autorin: Anna Hoffacker | ISBN 978-3-8346-3572-3 | www.verlagruhr.de

Zuhause 3 – Bild-Wortkarten

Sieh dir die Bilder und die dazugehörigen Wörter an.

		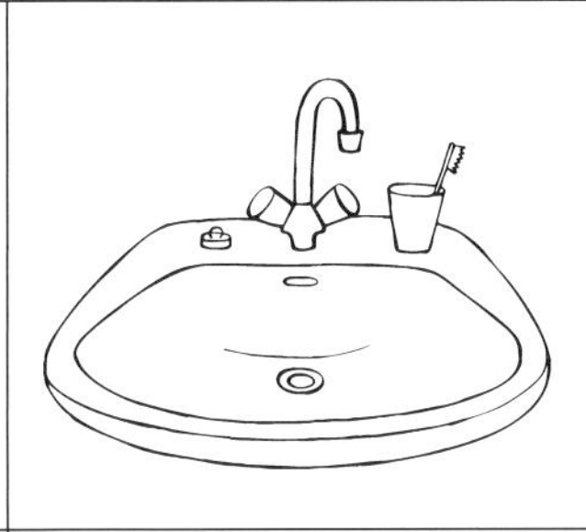	
die Toilette	spülen	das Waschbecken	fernsehen
			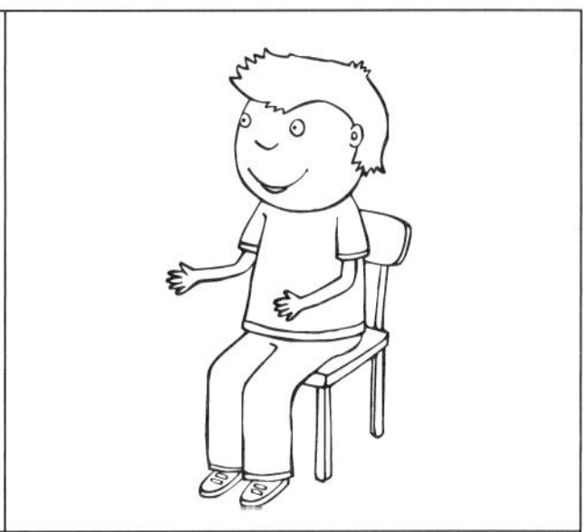
aufräumen	duschen	das Regal	sitzen

schlafen	spielen	Hausaufgaben machen	kochen

Zuhause 3 – Ausfüll-Bildkarten

Schreibe die richtigen Wörter auf die Linien.

		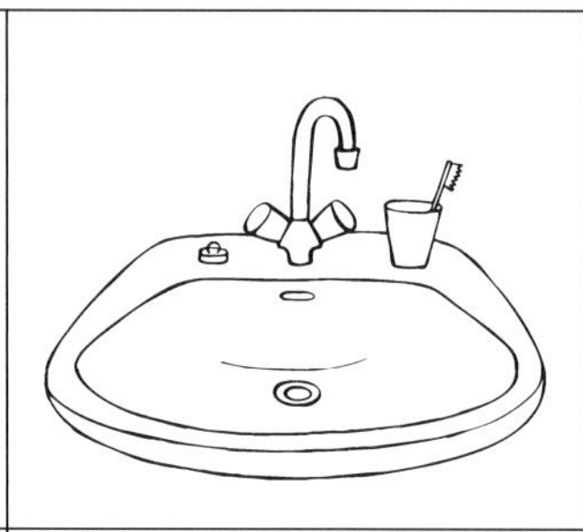	
			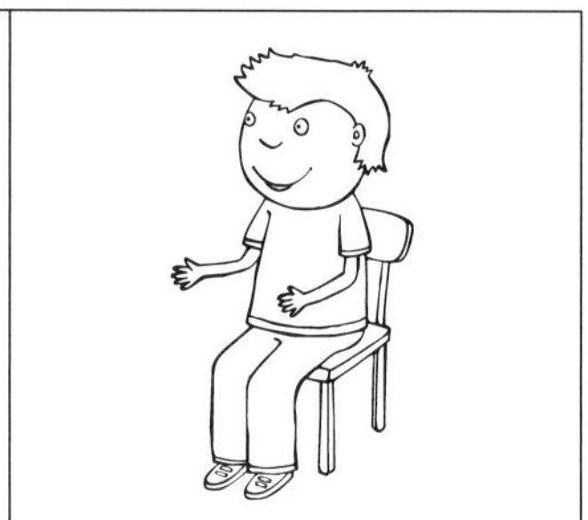
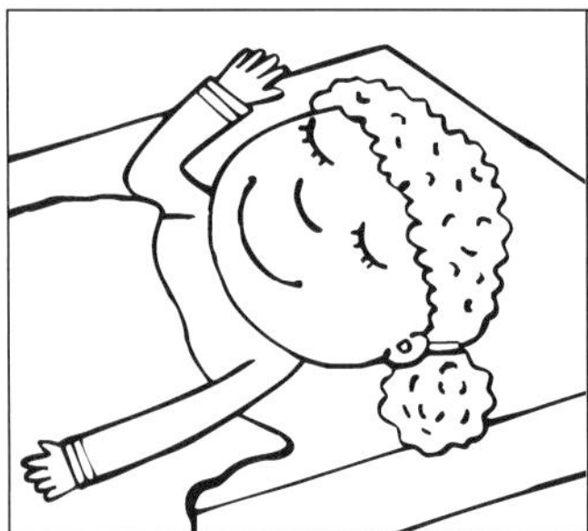			

Zuhause 3 – Verbinden

Verbinde die Bilder mit den Wörtern.

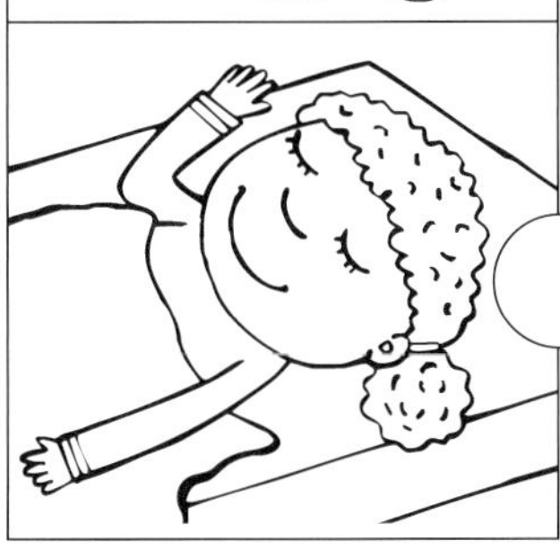

die Toilette

spülen

das Waschbecken

fernsehen

aufräumen

duschen

das Regal

sitzen

schlafen

spielen

Hausaufgaben machen

kochen

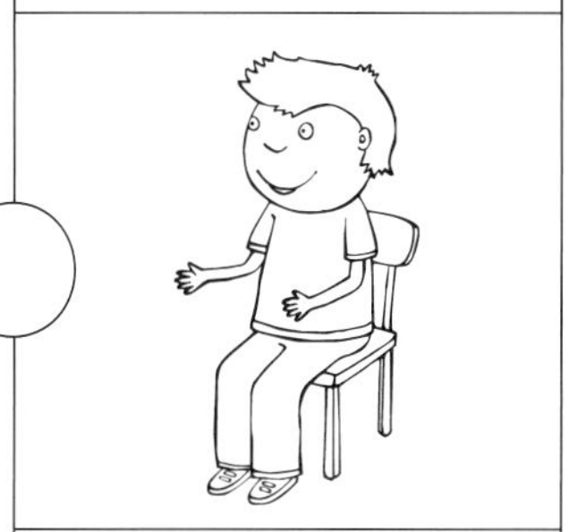

© Verlag an der Ruhr | Autorin: Anna Hoffacker | ISBN 978-3-8346-3572-3 | www.verlagruhr.de

Zuhause 3 – Wörter schreiben

Schreibe die richtigen Wörter neben die Bilder.

Zuhause 3 – Bilder kleben 1

1. Schneide die Bilder aus.
2. Klebe sie neben die Sätze.
3. Schreibe dann die Sätze ins Heft.

Das Mädchen schläft.

Das Mädchen macht Hausaufgaben.

Der Junge sitzt.

Die Familie spielt.

Die Oma kocht.

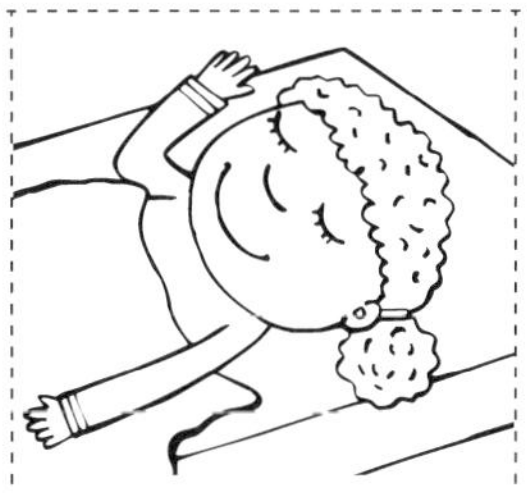

Zuhause 3 – Bilder kleben 2

1. Schneide die Bilder aus.
2. Klebe sie neben die Sätze.
3. Schreibe dann die Sätze ins Heft.

Der Junge duscht.

....

Das Mädchen und der Junge räumen auf.

....

Der Junge spült.

....

Das Mädchen sieht fern.

....

Zuhause 3 – Satz-Bild-Zuordnung 1

Schreibe die richtigen Sätze neben die Bilder.

Der Junge sitzt. Das Mädchen schläft. Die Familie spielt.
Das Mädchen macht Hausaufgaben. ~~Die Oma kocht~~.

Die Oma kocht.

Zuhause 3 – Satz-Bild-Zuordnung 2

Schreibe die richtigen Sätze neben die Bilder.

Das Mädchen und der Junge räumen auf.

Der Junge spült.

Der Junge duscht.

Das Mädchen sieht fern.

Zuhause 3 – Unterstreichen und schreiben

1. Unterstreiche Verben rot, Nomen blau.

duschen ~~das Regal~~ spielen fernsehen

auräumen das Waschbecken die Toilette sitzen

schlafen spülen kochen

die Hausaufgaben machen

2. Schreibe die Wörter in die Tabelle.

Nomen	Verben
das Regal	

Zuhause 3 – Wimmelbild

Was siehst du? Schreibe in dein Heft. (Ich sehe ...)

© Verlag an der Ruhr | Autorin: Anna Hoffacker | ISBN 978-3-8346-3572-3 | www.verlagruhr.de

Zuhause 3 – Suchsel

Finde die versteckten Wörter und markiere sie.

W	A	S	C	H	B	E	C	K	E	N	M	S	F	A
I	O	P	W	E	R	T	A	D	V	B	B	P	G	U
S	P	T	G	H	S	I	T	Z	E	N	J	Ü	H	F
C	L	O	J	U	I	P	D	H	F	F	G	L	T	R
H	K	I	S	O	R	E	G	A	L	P	F	E	I	Ä
L	H	L	O	P	W	A	S	X	Y	N	U	N	H	U
A	G	E	P	H	J	S	A	W	R	V	N	I	A	M
F	T	T	M	H	S	P	I	E	L	E	N	D	W	E
E	E	T	K	G	A	U	Z	T	P	N	B	Q	A	N
N	W	E	Y	F	E	R	N	S	E	H	E	N	F	Z
Q	Y	X	B	N	M	H	J	U	Z	T	D	S	E	T
D	U	S	C	H	E	N	F	K	O	C	H	E	N	D

1. WASCHBECKEN
2. SITZEN
3. SCHLAFEN
4. SPIELEN
5. AUFRÄUMEN
6. FERNSEHEN
7. SPÜLEN
8. TOILETTE
9. KOCHEN
10. REGAL
11. DUSCHEN

© Verlag an der Ruhr | Autorin: Anna Hoffacker | ISBN 978-3-8346-3572-3 | www.verlagruhr.de

Familie und Zuhause – Abschreibtext 1

1. **Lies den Text.**
2. **Schreibe den Text ab.**
3. **Übe Lesen.**

Nuran hat eine Schwester.
Sie heißt Leyla.
Zusammen haben sie ein
Kinderzimmer.
Das Bett ist groß genug für
beide.
Es ist blau.

Familie und Zuhause – Abschreibtext 2

1. Lies den Text.

2. Schreibe den Text ab.

3. Übe Lesen.

Nuran hat eine kleine Schwester.
Sie heißt Leyla. Zusammen habe sie
ein Kinderzimmer. In dem Kinderzimmer
steht ein großes Bett für Nuran und
Leyla.
Mamas Bett ist im Wohnzimmer.
In der Küche ist ein großer Tisch.
Dort essen die drei zusammen.

Familie und Zuhause – Abschreibtext 3

1. Lies den Text.

2. Schreibe den Text ab.

3. Übe Lesen.

Nuran wohnt mit ihrer Mama und ihrer Schwester Leyla zusammen in einer Wohnung. Sie haben zwei Zimmer, eine Küche und ein Badezimmer. Nuran und Leyla schlafen im Kinderzimmer, Mamas Bett steht im Wohnzimmer.
In der Küche steht ein großer Tisch.
Dort essen die drei zusammen.
Oft helfen Nuran und Leyla Mama am Herd.
Im Badezimmer gibt es sogar eine Badewanne.

© Verlag an der Ruhr | Autorin: Anna Hoffacker | ISBN 978-3-8346-3572-3 | www.verlagruhr.de

Die neue Wohnung – Geschichte

1. Lara zieht um.
   Papa und Kasper auch.
2. Die Wohnung ist groß.
3. Alle Möbel kommen mit.
4. Kasper ruft: „Ich schlafe oben!"

Die neue Wohnung – Geschichte

1. Lara, Kasper und Papa ziehen in eine neue Wohnung.
2. Es gibt drei Zimmer, eine Küche und ein Badezimmer.
3. Alle Möbel kommen mit. Auch das große rote Bett.
4. Das Bett ist im neuen Kinderzimmer. „Ich schlafe oben!", ruft Kasper.

Die neue Wohnung – Geschichte

1. Lara wohnt mit Papa und ihrem Bruder Kasper in einer kleinen Wohnung. Heute ziehen die drei um in eine neue Stadt. Die neue Wohnung ist ein bisschen größer.
2. In der neuen Wohnung gibt es ein Kinderzimmer, ein Schlafzimmer, eine Küche, ein Wohnzimmer und ein Badezimmer.
3. Die Familie nimmt alle Möbel mit. Auch das große rote Bett von Lara und Kasper. Bisher hat immer Lara oben geschlafen.
4. In der neuen Wohnung angekommen, räumen sie alles auf. Kasper ruft: „Ab jetzt schlafe ich oben!“

Die neue Wohnung – Arbeitsblatt

1. **Schneide die Bilder der Geschichte aus.**
2. **Klebe die Bilder in der richtigen Reihenfolge auf.**

3. **Schreibe die Geschichte ab.**

❶

❷

❸

❹

Die neue Wohnung – Arbeitsblatt

1. Schneide die Bilder der Geschichte aus.
2. Klebe die Bilder in der richtigen Reihenfolge auf.
3. Schreibe die Geschichte ab.

❶

❷

❸

❹

Die neue Wohnung – Arbeitsblatt

1. Schneide die Bilder der Geschichte aus.
2. Klebe die Bilder in der richtigen Reihenfolge auf.
3. Schreibe die Geschichte ab.

❶

❷

❸

❹

Reflexion 1 – Familie und Zuhause

Name: .... Datum: ....

1. Höre gut zu und nummeriere. 1 2 3

2. Verbinde.

die Toilette ◯

duschen ◯

das Waschbecken ◯

der Sessel ◯

aufräumen ◯

das Regal ◯

Reflexion 2 – Familie und Zuhause

★☆☆

3. *der, die* oder *das*? Schreibe.

die			

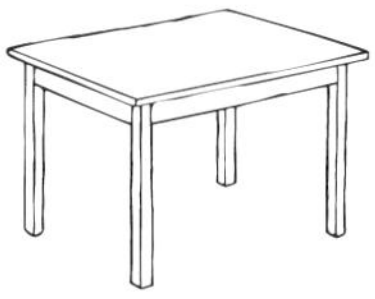		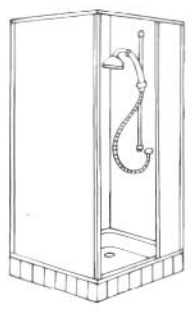	

4. Schreibe die richtigen Wörter neben die Bilder.

der Vater der Opa das Baby die Tante

 ....

 ....

 ....

 ....

5. Am besten gefallen hat mir:

Reflexion 2 – Familie und Zuhause

3. *der, die* oder *das*? Schreibe.

die			

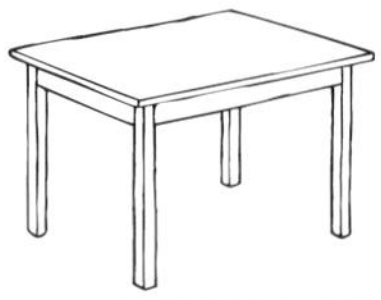		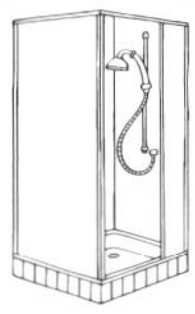	

4. Schreibe die richtigen Wörter in die Lücken.

Spüle, Kinderzimmer, Bett, Wohnzimmer, Küche, Stuhl

Das Mädchen schläft im ....

Der Mann kocht in der ....

Opa sieht im .... fern.

Die Schwester spielt im ....

Der Vater sitzt auf dem ....

Der Bruder spült in der ....

5. Am besten gefallen hat mir:

Bildkarten

Abb.: Anja Boretzki

Abb.: Anja Boretzki

Abb.: Anja Boretzki

Abb.: Anja Boretzki

Abb.: Anja Boretzki

Abb.: Anja Boretzki

Abb.: Anja Boretzki

Abb.: Anja Boretzki

Bildkarten

Abb.: Anja Boretzki

Abb.: Anja Boretzki

Abb.: Anja Boretzki

Abb.: Anja Boretzki

Abb.: Anja Boretzki

Abb.: Anja Boretzki

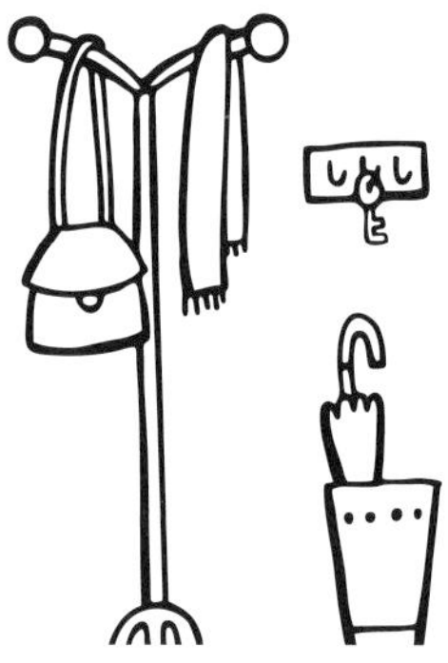

Abb.: Anja Boretzki

Abb.: Anja Boretzki

Bildkarten

Abb.: Anja Boretzki

Abb.: Anja Boretzki

Abb.: Anja Boretzki

Abb.: Anja Boretzki

Abb.: Anja Boretzki

Abb.: Anja Boretzki

Abb.: Anja Boretzki

Abb.: Anja Boretzki

Bildkarten

Abb.: Anja Boretzki

Abb.: Anja Boretzki

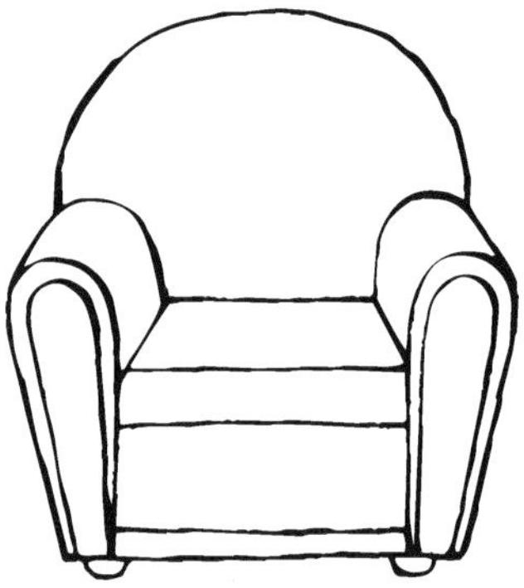

Abb.: Anja Boretzki

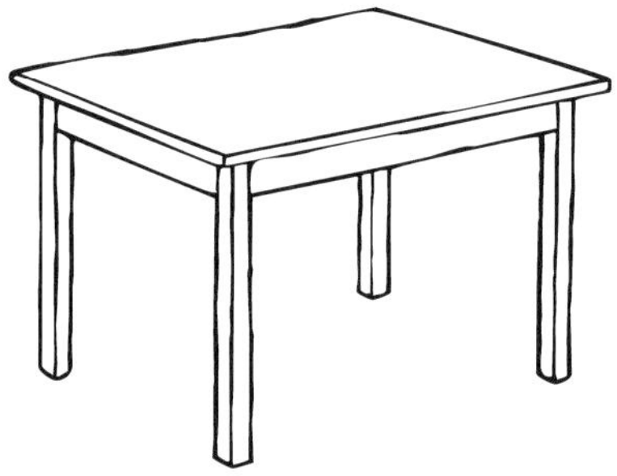

Abb.: Anja Boretzki

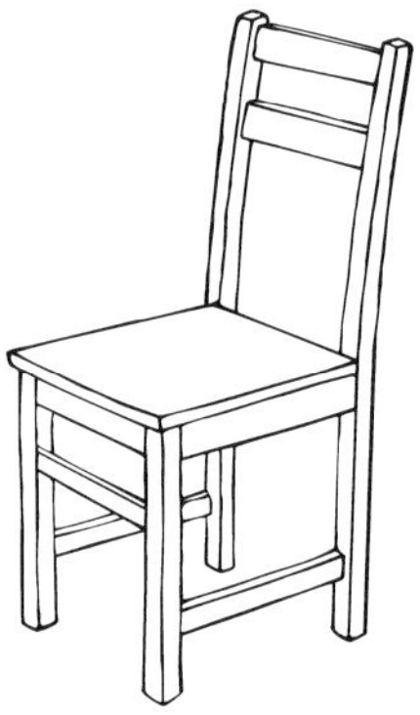

Abb.: Anja Boretzki

Abb.: Anja Boretzki

Abb.: Anja Boretzki

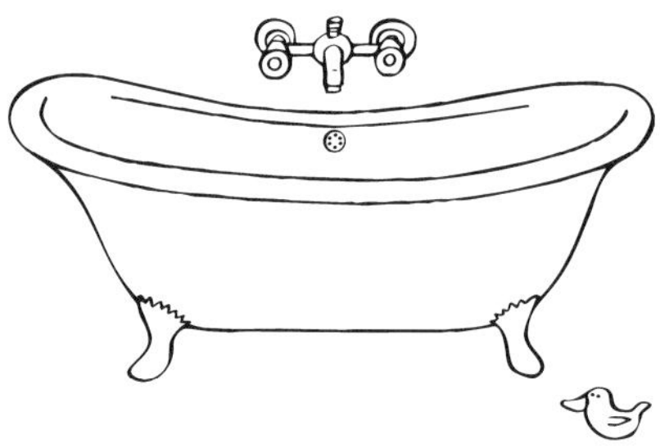

Abb.: Anja Boretzki

Bildkarten

Abb.: Anja Boretzki

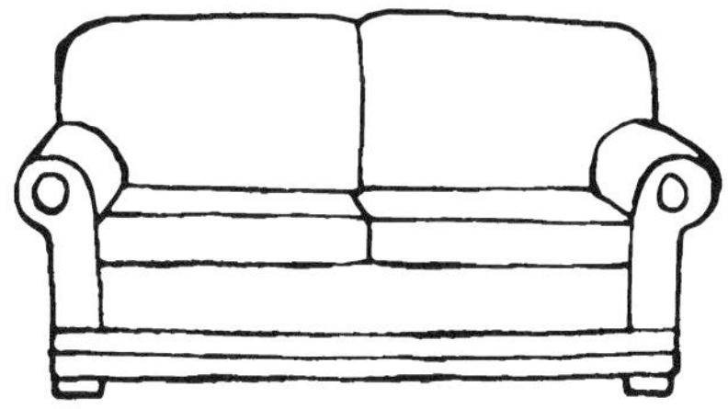

Abb.: Anja Boretzki

Abb.: Anja Boretzki

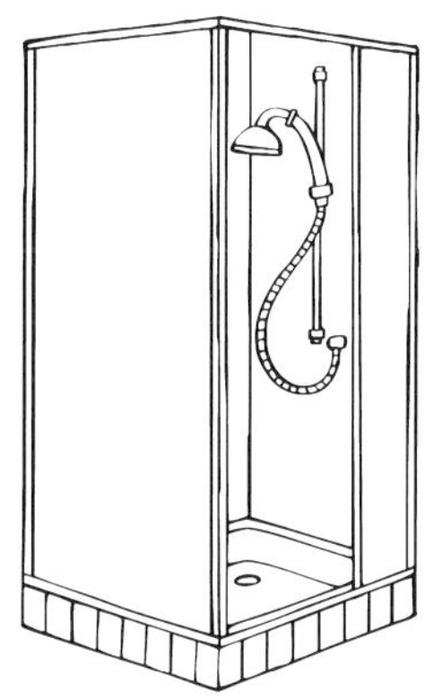

Abb.: Anja Boretzki

Abb.: Anja Boretzki

Abb.: Anja Boretzki

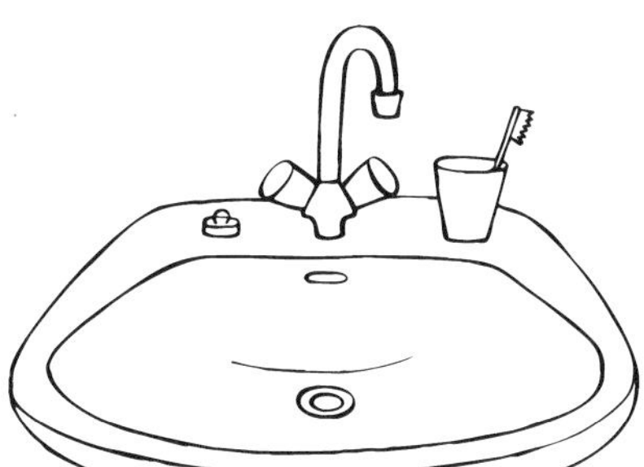

Abb.: Anja Boretzki

Abb.: Anja Boretzki

Bildkarten

Abb.: Anja Boretzki

Abb.: Anja Boretzki

Abb.: Anja Boretzki

Abb.: Anja Boretzki

Abb.: Anja Boretzki

Abb.: Anja Boretzki

Abb.: Anja Boretzki

Abb.: Anja Boretzki

Bildkarten

Abb.: Anja Boretzki

Abb.: Anja Boretzki

Abb.: Anja Boretzki

Abb.: Anja Boretzki

Bildkarten

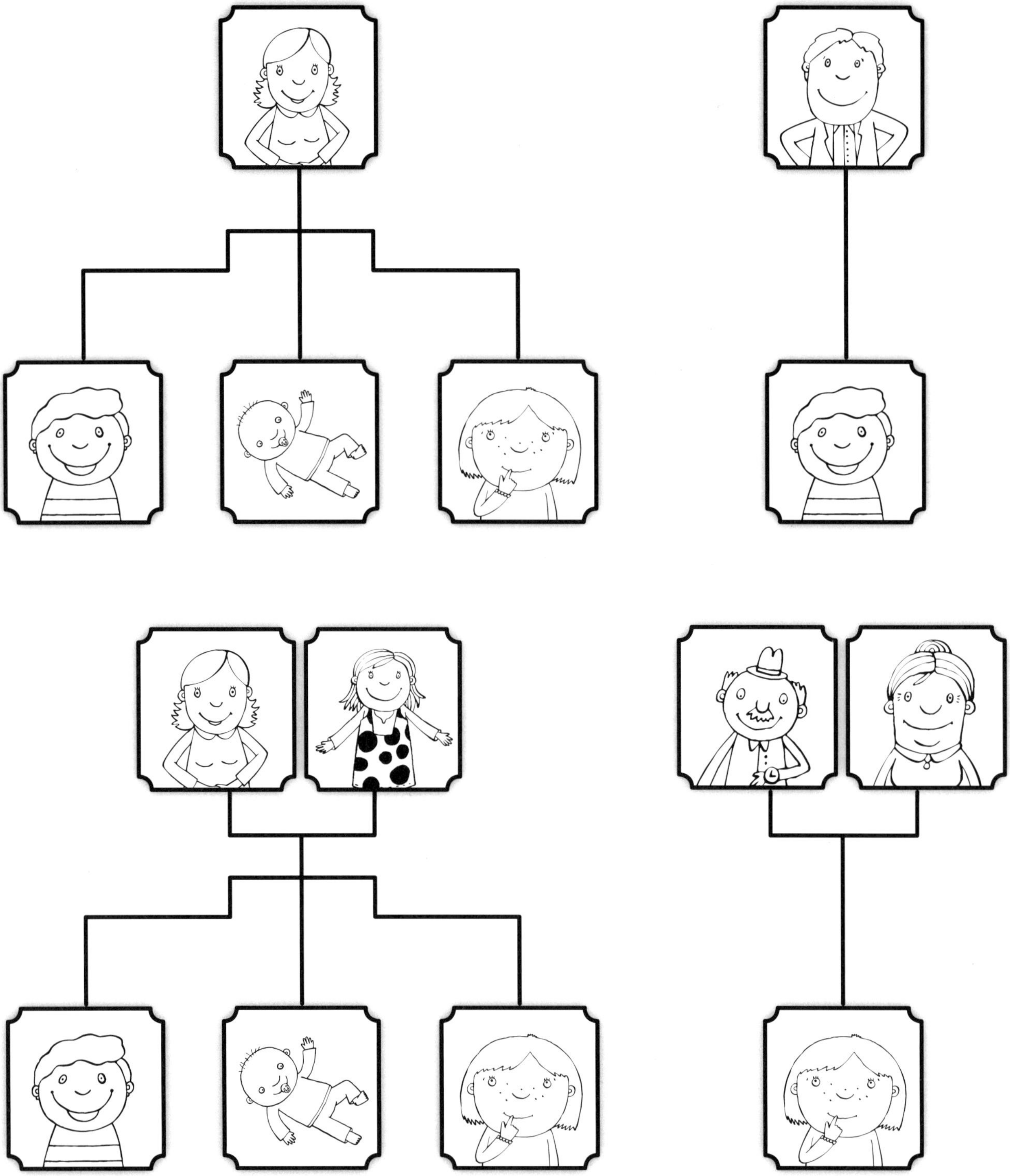